L'INFLUENZA DEL TEATRO DI

AUGUST STRINDBERG

SULLA CINEMATOGRAFIA DI

INGMAR BERGMAN.

Salvatore M. Ruggiero

"Strindberg mi ha seguito per tutta la mia vita. A volte mi sono sentito profondamente attratto da lui, a volte respinto. Lui ha espresso ciò che avevo sperimentato e che non riuscivo a trovare le parole per esprimere.[1]"

---

1 Ingmar Bergman, *Immagini.*

PROLOGO

Sebbene il suo eclettismo e la sua versatilità gli abbiano consentito di spaziare, con grande disinvoltura e rara efficacia, tra i diversi generi artistici (prosa, teatro, filosofia, poesia e, perfino, pittura) August Strindberg è, universalmente considerato, il padre del teatro moderno ed è autore di un'opera drammaturgica considerevole.

Sebbene, per la sua unicità ed originalità, non possa essere considerato l'iniziatore di un filone, di un genere, né, tanto meno, di una scuola, Ingmar Bergman può essere, a ben ragione, definito il padre del cinema moderno ed anch'egli è autore di una produzione (filmica) considerevole.

Si può anche aggiungere che Strindberg ha aperto la via al *modernismo letterario* nel suo paese, la Svezia. E che la Svezia è lo stesso paese di nascita di Ingmar Ernst Bergman.

Sono proprio questi i primi, evidenti e incontestabili, punti di contatto che si stabiliscono tra i due grandi (forse, i maggiori di sempre) personaggi della cultura scandinava del '900.

L'uomo August Strindberg è altrettanto affascinante della sua opera teatrale; allo stesso modo l'uomo Ingmar Ernst Bergman è altrettanto affascinante del suo cinema.

Tuttavia, entrambi sono molto difficili da definire, ed entrambi lungo tutta la loro vita, anagrafica e artistica, tentarono di essere appassionatamente sinceri con sé stessi, più che con gli altri, a partire dalla pretesa di essere *sinceri* anche nelle loro proprie, profonde, umane, per certi versi, sconcertanti, contraddizioni. Ingmar Bergman, in modo particolare non fu immune da contraddizioni profonde, che riverberarono i loro effetti, positivi o negativi, sulla sua intera cinematografia.

Non doveva essere facile per un uomo eccezionale, come Strindberg, vivere e lavorare nella piccola Svezia della metà del XIX secolo.

Così come non doveva esserlo per Ingmar Bergman negli anni '40, dall'inizio stentato della sua carriera fino a quando non fu definitivamente acclamato come il personaggio svedese vivente più popolare al mondo.

Strindberg, nato nel 1849, nervoso e instabile, è il figlio spirituale di altri due grandi scandinavi: Soren Kierkegaard ed Henrik Ibsen.

E anche Ingmar Bergman ha studiato a fondo la lezione del drammaturgo e del filosofo e ne ha appreso perfettamente il ricco, fondante insegnamento.

Strindberg inizia, nella prima giovinezza, gli studi di medicina, cui rinuncia per ragioni materiali;

prova diversi lavori, fino ad impiegarsi come bibliotecario aggiunto alla Biblioteca Reale di Stoccolma.

Questi suoi inizi stentati, sono ben riassunti da una prima *pièce* dal titolo eloquente, *Il libero pensatore*, del 1869.

Anche Ingmar Bergman avrà grossi problemi, economici e di inserimento nel mondo del cinema, il solo mondo che ama. Lui stesso, dopo alcune altre collaborazioni minori come soggettista e sceneggiatore, arriva a dichiarare candidamente, ma anche molto amaramente: *"Nel 1944 arrivò la mia grande occasione. Il Direttore di Svensk Filmindustri mi sottopose il manoscritto di una commedia di un autore danese con la proposta di ricavarne un film. In 14 notti scrissi una sceneggiatura. Se me lo avessero chiesto avrei sicuramente tratto un film anche dall'elenco del telefono.[2]*"

Strindberg giovanissimo - non ha che vent'anni - affronta il primo grande impegno con una *pièce* riscritta tre volte, dal 1872 al 1876, ora in versi, ora in prosa, *Maestro Olof* (*Mäster Olof*) dove, partendo da un pretesto storico, dà libero corso alla sua sete d'assoluto ed al suo culto intransigente della vocazione. Strindberg ha trovato quasi di colpo la sua formula: trasformare il teatro nella proiezione sulla scena del suo universo interiore.

---

2   Ingmar Bergman, *Lanterna magica.*

Ma trova anche il suo tema dominante e centrale: se la vita non è, e non può essere, quella che sogniamo; allora, quale esistenza varrebbe la pena vivere?

Praticamente, da questo momento in poi, passerà trentacinque anni a stigmatizzare tutto: lo Stato, la Chiesa, la buona società, la Donna, il perbenismo borghese e, finanche, Dio.

Diventerà una specie di inquisitore, di partigiano, di rivoltoso, di disturbatore, di artista provocatore, di *agit prop* quasi, di cui qualsiasi vera letteratura (meglio drammaturgia) ha bisogno, e in particolare quella scandinava che, intorno al 1870, dopo anni di chiusura culturale, sta finalmente scoprendo le proprie vie di *apertura* all'Occidente.

E' esattamente lo stesso ruolo che Ingmar Bergman ricopre più di mezzo secolo dopo, nel cinema svedese. Il Genio di Uppsala fa del suo cinema un modo per parlare della vita e della morte; per discutere del destino dell'uomo e della sua solitudine, dei sentimenti, delle angosce e delle sue paure ancestrali; un modo per sondarne, scandagliarne e vivisezionarne impietosamente la psicologia, proprio come farebbe uno *speleologo* della psiche; per metterne a nudo i limiti ontologici e le lacune umane; per interrogarsi sull'esistenza, sul silenzio e sulla fuggevolezza di Dio; per indagare sulla (in)consistenza e la reale fondatezza della religione e, forse, anche sulla sua inutilità, visto che non da risposte esaustive e definitive. Eloquente, in tal senso, lo stesso Ingmar Bergman quando fa dire ad uno dei suoi personaggi più famosi (il cavaliere Antonius Block, ne *Il settimo Sigillo*) quello che anche lui parrebbe voler dire: *"Perché non è possibile cogliere Dio con i propri sensi. Per quale ragione si nasconde tra mille e mille promesse e preghiere sussurrate e incomprensibili miracoli? Perché dovrei avere fede nella fede degli altri? Perché non posso uccidere Dio in me stesso?"*.

Anche Strindberg, che, decenni prima, aveva posto le nostre

angosce e le nostre insufficienze al centro del suo teatro, ha saputo dire, meglio di altri, lo smarrimento, lo spaesamento, lo spiazzamento dell'uomo di oggi. Rifiutando, sempre e sdegnosamente, gli aiuti che avrebbero potuto provenirgli da un'etica borghese stabile e da un altrettanto borghese perbenismo o anche da una religione condivisa dai più, ha voluto essere vero, scandalosamente e inesorabilmente vero, indigesto e puntuto, ruvido e corrosivo, spingendosi, a volte, fino ai limiti dell'insopportabile e, spesso, travalicandoli.

Esattamente lo stesso ha fatto Ingmar Bergman per il tramite del suo cinema.

Il teatro *psichico* di Strindberg;

il cinema *psichico* di Bergman.

Strindberg, scrittore, poeta, pittore, drammaturgo e filosofo, alla fine opta per il teatro ("*electa una via ......*"[3]) strumento ritenuto il più idoneo a mostrare l'inevitabile urto di una personalità contro le altre, contro la massa, e insieme di tratteggiare il divenire enigmatico, casuale e caotico di ogni destino.

E giunge, per lui, il momento della serie di capolavori di teatro *simbolico* nei quali alcune

---

3 *Scelta una via...* (trad. lett.).

immagini altamente simboliche (appunto) generano la progressione inesorabile dell'azione.

Si è spesso parlato, da parte della critica, a proposito di questi drammi di *teatro psichico*.

Si tratta, per l'autore, di dimostrare che gli spiriti intellettuali superiori sono necessariamente incompresi dalla massa; che la vita è una lotta senza sconti, tesa a schiacciare tutto ciò che esce dal comune sentire - Strindberg chiama questo combattimento la *lotta dei cervelli*[4] - dove la donna è infinitamente più forte dell'uomo e la *maggioranza compatta* vince sempre sull'individuo isolato, in

---

4 *Hjärnornas kamp.*

particolare arrivando, inesorabile, a praticare impunemente il cd. *omicidio psichico*[5], che consiste nel privare un individuo della sua stessa credibilità sociale, introducendo subdolamente un dubbio fondamentale nel suo spirito.

E anche Ingmar Bergman - come Strindberg - è autore di personaggi auto-diretti, che raramente appartengono alla maggioranza, raramente si appiattiscono sull'*idem sentire*, anzi quasi sempre raccontano la loro solitudine, la loro angoscia di solisti, di voci fuori dal coro, di individui soli, solitari e solipsisti. Essi si pongono in diretto dinamismo dialogico con il

---

5 *Själamord.*

proprio io, con la loro psiche, con la loro religiosità e, infine, con Dio.

Forse Ingmar Bergman li fa agire in modo, quasi, autobiografico.

Anzi li fa agire come fossero al suo posto: come fossero, sullo schermo, una sua diretta emanazione.

Eloquente, in tal senso, la sua stessa affermazione: *"Viviamo così lontano da Dio che forse non ci sente quando chiediamo aiuto. Perciò dobbiamo aiutarci tra noi e darci l'un l'altro quel perdono che un Dio remoto ci nega.*[6]*"*

---

6   Ingmar Bergman, *Lanterna magica.*

Mistica ed alchimia.

Quasi di colpo, l'ispirazione di Strindberg, lanciatosi nel frattempo, in tenebrose esperienze alchemiche compie una brusca virata: intraprende una ricerca di tipo mistico, occultista e alchemica, alla ricerca di quello che lui stesso definisce il *Grande Segreto*.

Se ne vedono i primi esiti nel romanzo insolito *A bordo del vasto mare*[7], scritto nel 1890.

Anche Bergman affronta il tema dell'occultismo in un suo celeberrimo film: *Il Volto* (Ansiktet), del 1958. Tutto

_____

7 Oppure: *öppet hav* (trad. lett. *Sul mare aperto*).

giocato sulla contrapposizione, anzi, sullo scontro dialogico e, quasi, fisico tra i due protagonisti: da una parte, il dottor Vergerus, (interpretato da Gunnar Bjornstrand), medico, scienziato rigorosamente scientista e positivista, disincantato e incredulo; dall'altra, Albert Emanuel Vogler, (interpretato da Max von Sidow), illusionista e ipnotista, mesmerista convinto, cultore di magia, mistero e di tutto ciò che è soprannaturale. In un confronto serrato e senza esclusione di colpi, tra visibile e invisibile; tra ragione e soprannaturale; tra vita e morte; tra volto e maschera; tra essere e apparire; tra razionale e irrazionale.

Le notevoli analogie fin qui riscontrate, soprattutto nelle tematiche trattate e nell'impostazione poetica e filosofica, direi quasi teoretica, tra il teatro di Strindberg e il cinema di Bergman, mi appaiono talmente evidenti, da portarmi ad affermare che il drammaturgo e il cineasta si avvicinano quasi a sfiorarsi, anzi a toccarsi, quando entrambi prendono a raccontare con decisione e spudoratezza l'angoscia esistenziale dell'uomo, la difficoltà ontologica - spesso insuperata o insuperabile - che ciascun essere umano incontra durante tutto il corso della propria vita.

L'obiettivo, di chi scrive, è ora di prendere in particolare considerazione l'analisi dettagliata di altre analogie, tra Strindberg e Bergman, rilevate in quelli che vengono universalmente considerati i due risultati più alti, dell'intera produzione drammaturgica di Strindberg; le due *piece* nelle quali, più che in tutte le altre, si ritrova la *summa* poetica del pensiero strindberghiano: Il *Sogno* e *La più forte*. Quindi, passare, ad un analitico raffronto delle stesse con la corrispondente opera di Bergman.

Il *Sogno* di Strindberg;
il sogno in Bergman.

"Noi abbiamo sogni, non è forse tutta la vita un sogno?"[8]

Il Sogno, (1902), universalmente considerato come il capolavoro di Strindberg, dovrebbe essere tradotto più fedelmente in *un gioco di sogno*, da EttDrömspel; gioco, cioè, che spinge al suo parossismo la confusione tra sogno e realtà, adottando deliberatamente il passo narrativo (?) e i caratteri più propri dell'esperienza onirica. Come dire: accediamo a una sorta di

---

8 Arthur Schopenhauer, *Il mondo come volontà e rappresentazione*.

unità, una specie di sinapsi, dove si raggiungono tutti gli snodi della psiche umana.

"Ora conosco la pena di esistere, ecco cosa vuol dire essere uomini... .[9]"

Composta nel 1901, l'opera costituisce una delle prime prove di teatro *psichico-onirico*, appunto, nella quale i canoni di riferimento, i codici preordinati, le regole fondamentali della drammaturgia borghese degli anni a cavallo tra l'800 e il 900 saltano completamente. Non c'è più alcun accenno di trama, non c'è più unità di scena né di tempo, nel dramma dell'autore danese – un precursore del genere – ma solo frammenti di storie masticate,

---

9 August Strindberg, da *Il Sogno*.

sconnesse, che fra loro si intersecano, anzi si collidono; un complesso gioco di specchi tra realtà e finzione, fra palcoscenico e pubblico in platea; esistono e si agitano sul proscenio solo personaggi in cerca di persone e persone in cerca di personaggi. Gli attori che interpretano la *piéce* stanno tutti insieme sulla scena; non l'abbandonano mai, durante ciascuno dei 75 minuti della durata della rappresentazione, vi stazionano ininterrottamente. Si muovono, sussurrano, a coppie, da soli, a volte tutti insieme, in un vociare indistinto, quasi musicale, a volte cacofonico e irritante, interpretando, ovviamente, ruoli diversi ma indistinguibili. Essi, pur nel caos più assoluto, riescono, ugualmente, a catalizzare l'attenzione dello spettatore, che cerca disperatamente di cogliere il bandolo del discorso, in un filo invisibile e illeggibile, quantomeno un accenno di trama. Ma gli attori (come i personaggi interpretati) sono abitanti e insieme animatori di un sogno; guardano di volta in volta, con curiosità o compassione, alla realtà disgiunta degli uomini. E di essi arrivano, addirittura, a dire: .... *"che pena gli uomini!"*

In un altro momento, magari quello immediatamente successivo, invece, sembrano uomini che, usciti dalla dimensione onirica, vivono normalmente, quasi banalmente la loro quotidianità, la realtà di ogni giorno.

Quindi, a fasi alterne, possono essere: attori che interpretano una parte; o, subito dopo, pubblico di vicende umane, piacevoli o dolorose.

In alcune circostanze guardano dritti in platea con occhi sbarrati, (come attori cinematografici che guardassero dritti in macchina); guardano e sono guardati; vedono e sono visti; intrecciano realtà e finzione; tramano teatro e vita; ordiscono sogno e veglia.

E' indubbio che in molti film di Ingmar Bergman il sogno[10]

_____

10 *I sogni riescono a dirmi molte cose, non in seno freudiano, ma in un senso totalmente umano."* (Ingmar Bergman, *Lanterna magica*)

rivesta un'importanza narrativa straordinaria. Anzi, si può dire che, in alcuni di essi, la vita vera e il sogno si confondono. Esattamente come avviene nel dramma di Strindberg.

"Quando ero più giovane e dormivo bene, ero tormentato da sogni ripugnanti: assassini, torture, soffocamenti, incesti, distruzione, collera folle. Nei giorni della mia vecchiaia i sogni sono sfuggenti ma benigni, spesso consolanti.[11] "

In altri, poi, i sogni sono incubi mortali che s'intrecciano alla vita e ai ricordi. Accade, ad esempio, nel capolavoro assoluto, non solo di Bergman ma, anche, del cinema mondiale, *Il posto delle*

---

11 Ingmar Bergman, *Lanterna magica.*

fragole[12].

In questo film, però, al contrario del dramma strindberghiano, la costruzione non è proposizione di casualità, ma perfetta riproposizione della realtà. L'intreccio tra realtà, sogni e ricordi è fluido e preciso, quasi geometrico; la sceneggiatura, come usa dire nell'ambiente degli addetti ai lavori, *di ferro*, è rimasta un classico nella storia del cinema.

Il soggetto originale meritò e vinse, nel 1959, l'Oscar nella sua categoria.

Il vecchio professore lsak Borg, interpretato dallo stratosferico Victor Sjostrom, la notte prima

_____
12 *Smulltronstallet*, 1957.

della sua partenza per Lund, dove si celebrerà il giubileo della sua professione medica, viene scosso da un'allegoria della propria morte.

Si trova solo in una città sconosciuta. Gli orologi non hanno lancette. Un uomo senza volto si affloscia a terra. Un carro funebre sbatte contro un lampione, la bara cade a terra e si apre. Ne esce una mano che afferra il braccio del dottore e lo tira verso di se. Isak Borg riconosce il proprio volto nel volto del cadavere. Il cadavere è lui.

Anche ne *L'ora del lupo*[13], (1966) Ingmar Bergman proiettò molti propri, personali incubi, usando

---

13 *Vargtimmen*, 1966.

come *schermi* i suoi personaggi.

Il film è un susseguirsi, quasi frenetico e ininterrotto, di allucinazioni e di paure (quasi sogni); un viaggio drammatico nell'io e nell'inconscio.

Si tratta, in effetti, di un'opera altamente e profondamente autobiografica, come del resto, quasi tutte quelle del Maestro; pervasa da un grande, inestinguibile e inappagabile, desiderio d'amore e di contatto umano; ambientata *nell'isola strindberghiana*, secondo il critico Luigi Trasatti: "*prigione nella quale si trova rinchiuso l'uomo quando non riesce a risolvere* (e a razionalizzare socialmente - n.d.r.) *il rapporto con gli altri, quindi con l'amore".*[14]

...E non sembra sognare (ad occhi aperti, forse), in quella che verrà ricordata come una delle immagini più belle e poetiche dell'intera filmografia del maestro, anche uno dei protagonisti de *Il settimo sigillo*[15], l'attore e saltimbanco Jof, interpretato dal grande Nils Poppe, che, mentre parla al suo cavallo, ha la visione celestiale della Vergine Maria che passeggia sul prato, tenendo per mano il bambino Gesù.

...E non è un sogno (forse anch'esso ad occhi aperti) quello del cavaliere crociato Antonius

---

14 Luigi Trasatti, *Ingmar Bergman*.
15 *Det sjunde inseglet, 1957.*

Block che, sempre ne *Il settimo sigillo*, dice, nel corso della più incredibile partita a scacchi della storia del cinema:
"Questa è la mia mano, posso muoverla, e in essa pulsa il mio sangue. Il sole compie ancora il suo alto arco nel cielo. E io ... Io, Antonius Block, gioco a scacchi con la Morte".

...E non è, forse, pure la raffigurazione di un tragico sogno, ancora ne *Il settimo sigillo*, una delle scene finali, nella quale il cavaliere e i suoi compagni di viaggio giungono al castello, accolti dalla moglie Karin che legge un passo dall'Apocalisse. Arriva la Morte (che ha accompagnato personaggi e spettatori per tutto il corso della narrazione) e tutti le si presentano. Il cavaliere prega; lo scudiero Jons la irride.

"*L'ora è venuta*" dice qualcuno.

In conclusione - dalla filmografia di Bergman si potrebbero trarre altri mille esempi, a partire da *Il Silenzio*[16], per proseguire con *La vergogna*[17] o con *Sogni di donna*[18], di confusione, deliberata anzi studiata, tra realtà e sogno - appare certo che lo strumento del sogno è particolarmente caro a Ingmar Bergman, e gli consente di assaporare il gusto della libertà narrativa. ..."*Quando si tratta di film, voglio essere me stesso... penetrare nei segreti che si*

---

16 *Tystnaden,* 1963.
17 *Skammen,* 1967.
18 *Kvinnodrom,* 1955.

trovano dietro le pareti della realtà.[19]*"*

La sensazione di cui rendevamo conto si fa ancora più netta, quasi aggressiva, assistendo a *Fanny e Alexander*. Il film, l'apoteosi dell'influenza di Strindberg sulla filmografia di Ingmar Bergman, non è altro, infatti, che una autobiografia sotto forma di sogno o sognata[20]; un grande affresco, nel quale più di cinquanta personaggi (quasi quanti quelli del *Sogno* di Strindberg) si muovono in una realtà che, quasi distorta dal ricordo, finisce per diventare sogno.

---

19 Ingmar Bergman, *Lanterna magica*.
20 *Autobiografie reveè...* per dirla alla maniera dei francesi.

Il film si chiude, poi, con un chiaro omaggio che Ingmar Bergman rivolge al suo amato maestro Strindberg: la nonna che legge un brano de *Il sogno* al nipote Alexander.

La più forte di Strindberg; *Persona* di Bergman: analogie tra due drammi borghesi.

Ma, chi ama profondamente e, altrettanto profondamente, conosce il cinema di Ingmar Bergman ed, in modo particolare il suo film: *Persona*, non potrà non scorgere le forti somiglianze con un dramma di Strindberg, datato 1889: *La più forte*.

Si può, addirittura, dire, e molti critici lo hanno fatto, che il Bergman di *Persona*[21] incontra lo Strindberg de *La più forte*, al punto che Il film di Bergman

---

21 *Persona*, 1966.

(successivo) ha molti punti in comune con il dramma borghese di Strindberg (precedente).

E si può aggiungere che il problema della *incomunicabilità* e del *silenzio* di Strindberg incrocino la loro strada con le corrispettive problematiche elaborate nel cinema di Bergman.

Quando Ingmar Bergman spiegò il soggetto di *Persona*, lo riassunse in questi termini:

"E' un film su una persona che parla e su una che non parla, e si confrontano le mani e si mescolano l'una con l'altra.[22]*"*

L'attrice Elisabeth Vogler (Liv Ullmann), durante la rappresentazione teatrale

----

22 Ingmar Bergman, *Immagini.*

dell'Elettra[23], si blocca improvvisamente, presa da un'inspiegabile desiderio di ridere. In seguito si chiude in un assoluto mutismo.

Ricoverata in un ospedale psichiatrico, viene riconosciuta sana nel fisico e nella mente, non soffre di afasia, ma ha, deliberatamente scelto, di non parlare più.

Kenne Fant, che era allora Presidente dello *Svenska Filminstitutet*, con una notevole dose di comicità involontaria, rispose: "...*Non dovrebbe essere un film molto costoso!*".[24]

Il film, in buona sostanza, è la ricerca delle caratteristiche che

---

23 Di Sofocle.
24 Ingmar Bergman, *Immagini.*

legano una coppia di donne (protagoniste anche della *piece* strindberghiana), di cui una è silenziosa e una seconda è alla continua ricerca della verità nell'altra.

Persona è una pellicola, molto sottile e complessa, oltre che su quelli già accennati, anche sul tema dell'identità di genere e sui ruoli che sono assegnati alla donna dalla società.

Si tratta anche dell'opera stilisticamente più sperimentale del regista svedese, nella quale l'assoluta essenzialità espressiva, resa dall'abituale, straordinario, bianco e nero del direttore della fotografia Sven Nykvist e dall'uso programmatico del primo piano, è arricchita da sequenze surreali, a rappresentare l'inconscio, e da immagini meta-cinematografiche (ad es. la pellicola che brucia e si accartoccia su se stessa).

Non è una coincidenza che una delle due donne sia un attrice, colta in un eterno attimo di smarrimento proprio mentre interpreta il ruolo di Elettra.

Sin dalla sua uscita, il film fu recepito come altamente sperimentale nelle tecniche cinematografiche che Ingmar Bergman utilizzò per trasmettere il senso di incomunicabilità tipico della sua cinematografia.

E anche *La più forte* è basata sullo stesso principio: una donna parla e una ascolta, o meglio, risponde con espressioni non verbali.

La domanda retorica su quale delle due donne di *Persona* sia la più forte è in realtà destinata a restare senza risposta.

Ma si sa bene che Ingmar Bergman si interroga, si pone delle domande, ma non a tutte da delle risposte; non a tutte risponde. Non per tutti i quesiti, Bergman ha o, meglio, da una risposta; non a tutti i problemi offre una soluzione.

C'è però qualcosa di più profondo, un sotto-testo impalpabile e inafferrabile, una sorta di enciclopedia di poche parole sul significato di genere dell'essere donna.

Quella che la donna silenziosa e

la donna preda di una specie di impeto moralizzatore sembrano suggerire sono gli estremi di un pendolo.

Da una parte la rinuncia di sé in favore di un ruolo che può dare una facile felicità domestica; dall'altra il vuoto della ribellione alla maschera, che può dare la libertà del volo ma anche il precipizio di una caduta rovinosa.

Due estremi che però sono intercambiabili, che sembrano opposti solo perché speculari.

Il critico Tullio Kezich, ha sottolineato, a suo tempo, che: "Persona *è un film svolto come un teorema che a un certo punto si trasforma nell'operazione senza anestesia che il chirurgo svolge in presenza del pubblico"*.

Sempre secondo Kezich: *"Bergman riduce all'osso le scenografie e gli artifici per indirizzare lo spettatore verso i personaggi, come un diabolico dominatore"*.

Proprio in questo aspetto anticonvenzionale trova adempimento l'intenzione sperimentalistica della pellicola, oscillando tra la nevrosi attiva e passiva dell'afasia e le soluzioni registiche brutalmente subliminali.

Il film è grande cinema, capolavoro cinematografico, ma pur sempre cinema.

E' lo stesso Ingmar Bergman a suggerirci di vederlo come tale, come finzione, non come realtà, non come riproduzione della vita, proprio all'inizio del film, e ce lo ricorda a metà della visione e, ancora, alla fine della proiezione, quando la pellicola sembra prendere fuoco e auto-distruggersi.

Lo fa proponendo una serie di immagini che rappresentano il cinematografo: i carboni dell'arco voltaico di un proiettore; la pellicola che scorre; una sequenza di cinema muto; le mani di un bambino; il sacrificio di un agnello e la mano di Cristo inchiodata; la neve sporca; il bambino che cerca di aggrapparsi invano a un'immagine di donna irraggiungibile.

E ci avverte anche di leggere il

film in diversi modi, fornendoci, per l'uso, diverse chiavi di lettura (tecnico-estetica; religioso-spiritualistica; psicologico-psicanalitica) delle quali, però, l'una non esclude l'altra.

Ma, fondendosi, in maniera propedeutica, in una sola complessa ed articolata lettura critica, tutte insieme si completano e si perfezionano.

Liliana Cavani disse, all'epoca della prima uscita del film:

"Ho visto poche opere cinematografiche così nette. Il film è il risultato di un paziente lavoro di approfondimento e di rifinitura. E' uno di quei film che indicano ai registi vie nuove per tentare nuove possibilità di

espressione".

Infine, tre curiosità sul film.

1 - Il titolo del film deriva dal latino *Dramatis persona*, terminologia usata comunemente per definire la maschera indossata dall'attore (e quindi dal personaggio) nel teatro romano. Esopo: *"Personam tragicam, forte vulpes viderat"* (*"una volpe aveva visto, per caso, una maschera tragica"*). Si tratta di un chiaro riferimento alla professione della protagonista del film.

2 - La versione cinematografica distribuita, all'epoca, in Italia, è stata in parte censurata: nella sequenza iniziale, costituita da un frenetico montaggio di immagini,

è stata oscurata quella di un pene eretto....

3 - la confessione di Alma riguardo a un rapporto sessuale in compagnia di un'amica e di due ragazzi, in spiaggia, era di gran lunga più esplicita di quanto non risulti dal doppiaggio italiano (che si spinge solo fino ad ..."*abbracci animaleschi*").

4 - La parola persona, anzi la sua radice etimologica, si divide anche nelle due componenti più corte: *per* (eccesso) e *sona* (suoni) che significano anche l'altra funzione della maschera teatrale, che era quella di amplificatore; aumentare la potenza del suono della voce dell'attore.

Conclusioni

Ingmar Bergman aveva sempre letto molto, fin da bambino.

"Leggevo ininterrottamente, per lo più non capivo, ma ero particolarmente sensibile al tono: Dostoevskij, Tolstoj, Balzac, De Foe, Swift, Flaubert, Nietzsche, e Strindberg.[25]"

Una volta, era appena adolescente, coi soldi ricevuti in regalo per Natale da una sua vecchi e ricca zia, Ingmar Bergman comprò l'*opera omnia* di Strindberg.

Senza nemmeno aprirli né fogliarli sistemò i tomi nella sua libreria, in bella vita.

---

25 Ingmar Bergman, *Lanterna magica.*

Ogni tanto, per un po', si stendeva sul letto da dove poteva vederli e con le mani intrecciate dietro la nuca si beava, soddisfatto del suo prezioso acquisto. In seguito li lesse e rilesse più volte, con molta, ma molta attenzione. Quelle letture costituirono il solidissimo basamento sul quale eresse la carriera di drammaturgo, di regista teatrale e di direttore artistico dei maggiori teatri svedesi.[26]

26 Salvatore M. Ruggiero, *Faro magica*.

BIBLIOGRAFIA

Ingmar Bergman, *Immagini.*
Ingmar Bergman, *Lanterna magica.*
Jacques Mandelbaum, *Ingmar Bergman, Maestri del cinema. Cahiers du cinema.*
Sergio Trasatti, *Ingmar Bergman.*
Olivier Assayas e Stig Bjorkman, *Conversazione con Ingmar Bergman.*

Sergio Arecco, *Ingmar Bergman, Segreti e magie.*
Antonio Costa, *Ingmar Bergman*, Marsilio, Venezia 2009.
Giovanni Invitto, *Tempi del cinema, tempi nel cinema. Tra filosofia e psicoanalisi.*
Claudio Papini, *Ben ritrovato, Ernst Ingmar!*
Salvatore M. Ruggiero, Il Genio di *Uppsala, Il grande cinema di Ingmar Ernst Bergman spiegato a chi lo ignora.*

INDICE

Johan August Strindberg

nato a Stoccolma il 22 gennaio 1849

morto il 14 maggio 1912 fu un drammaturgo, scrittore, pittore e poeta svedese.

La vita di Strindberg fu tumultuosa, tessuta di esperienze complesse e scelte radicali e contraddittorie, a tratti rivolta contemporaneamente a molteplici discipline non direttamente attinenti alla figura ufficialmente letteraria dell'autore: scultura, pittura e fotografia, chimica, alchimia, teosofia. Sintomi di una rottura intima del proprio animo con la dimensione convenzionale del tempo e del vivere, elementi dunque reciprocramente contaminati nell'atto creativo e fondamentali per la sua interpretazione.

(da *Wikipedia)*

personaggi che sono esattamente sessanta, sono completati dagli zii Gustaf Adolf e Carl, e dalle loro rispettive mogli. Carl è un mezzo fallito e alcolista; mentre Gustaf è un donnaiolo impenitente che amoreggia con la cameriera Maj[13]. Quando una malattia improvvisa conduce alla morte di Oscar, proprio mentre in teatro sta provando la parte dello spettro di Amleto[14], Emilie, la madre di Alexander, prima trova conforto nella fede e nella religione[15]; poi finirà per sposare un pastore protestante[16], il perfido vescovo Vergérus[17] che l'aveva

---

13 Interpretata dalla bella Pernilla August.

14 La tragedia più nota di Shakespeare.

15 Ricorda il personaggio della fantesca Anna in Sussurri e grida che pur avendo perso la figlioletta si rifugia in Dio e nella preghiera.

16 Altro forte riferimento autobiografico: il padre di Ingmar Bergman era un pastore protestante.

17 E' tradizione dei film di Bergman che il nome Vergerus coincida con personaggi foschi. Vedi ad es. il Vergerus, medico del consiglio di igiene, di *Il Volto* (*Ansiktet*, 1958).

assistita spiritualmente. A questo punto la vita di Fanny e Alexander subisce un brusco quanto straniante cambiamento: dalla casa signorile e ricca di giochi essi dovranno adattarsi alla rigidità e all'austerità della canonica.[18] Alexander non ha più la disponibilità del suo teatrino delle marionette e non può dare più libero sfogo alla sua fantasia. E' costretto dalla nuova condizione ad ispirarsi alle vicende del mondo reale e alla vita nella canonica. La fantasia e la realtà confuse nella mente e nei racconti di Alexander scatenano nel pastore patrigno un'antipatia nei confronti del bambino e una collera incontrollata e ingiustificata. Fanny e Alexander si sentono prigionieri nella canonica e questo loro *status* viene correttamente interpretato dalla cara nonna. Con

_____

18 Altro riferimento autobiografico: anche il padre di Ingmar Bergman impartì ai figli una educazione rigidissima.

l'aiuto dell'amante ebreo essa organizza un vero e proprio rapimento: trasporta fuori della canonica i bambini chiusi in una cassa e li nasconde nel magazzino del rigattiere ebreo Isak Jacobi. Nascosto nel magazzino, al buio, Alexander fantastica e s'interroga sul mistero della vita. Il vescovo, di cui Isak aveva fantasticata la morte, per Alexander solo depositario di severità e punizioni, muore accidentalmente durante un incendio divampato nella canonica. La zia Elsa rovescerà la lanterna a petrolio che lo stesso Vergerus aveva messo accanto al letto per far luce nel buio della notte, s'incendierà i vestiti e, correndo per tutta la casa, appiccherà il fuoco ovunque. La morte di Vergerus (al quale erano stati dati dei sonniferi e che, comunque, non rimpiangerà nessuno, nemmeno la madre) che era stata anticipata, in qualche modo addirittura progettata, da Ismael lo strano figlio androgino di Isak, libera Alexander, finalmente. Alle vicende di Fanny e Alexander quasi tutte drammatiche si intrecceranno quelle personali, anche tragicomiche, degli zii Gustav Adolf e Carl. Dopo la festa natalizia un'altra festa arriva a segnare l'inizio del nuovo corso e se vogliamo la ricongiunzione col vecchio, dopo la parentesi della canonica: la nascita delle bambine di Emilie e di Maj, con lo zio Gustaf Adolf (che, probabilmente, è il padre illegittimo, che fa il discorso commemorativo dicendo che la grande famiglia degli Ekdhal continua. E con essa continua anche la vita. Il finale è assai poetico. La nonna Helena ha la testa di Alexander appoggiata sul suo grembo e gli legge un libro[19].

---

19 Come faceva Maria con la sorella malata Karin in *Sussurri e grida*.

ANALISI DEL FILM

Il film fu pubblicato in due versioni diverse per lunghezza, durata e montaggio: una più corta, tagliata a circa tre ore di durata (188 minuti), e una più lunga di cinque ore (312 minuti) totali. La versione più breve uscì prima, mentre la versione lunga non venne resa pubblica che a distanza di un anno, anche se era stata completata per prima. La versione estesa è stata utilizzata per una miniserie in quattro parti trasmessa a puntate in televisione. Fu criticata da più parti per la "scomparsa" di alcuni personaggi e per il montaggio apparso a molti frettoloso e tutt'altro che inappuntabile. Tale versione fu, in effetti, il risultato di un montaggio, elaborato dallo stesso Ingmar Bergman coadiuvato dalla sua tecnica di fiducia Silvia Ingemarsson, che lo raggiunse a Faro, e che avrebbe dovuto ridurre il materiale ad un film di un'ora e mezza, ma che invece, con grande stupore del Maestro - che pretendeva di avere un grande *senso del tempo* - produsse una pellicola lunga ben quattro ore.

"Non c'era altro da fare che ricominciare daccapo. Adesso, con mio disgusto, ero costretto a tagliare i nervi vitali del film. Sapevo che ad ogni taglio la mia opera peggiorava. Giungemmo, allora, a un compromesso, per una durata finale di tre ore e otto minuti.[20]

Ingmar Bergman ne parla diffusamente nel corso della lunga intervista rilasciata a O. Assayas e S. Bjorkman.[21]

O.A.-S.B.: *"Qual'è per lei la forma definitiva del film?"*

---

20 Ingmar Bergman, *Immagini.*
21 *Conversazione con Ingmar Bergman: "...abbiamo incontrato Bergman (a Stoccolma, n.d.A.) tre volte, il 14, 15, 16 marzo 1990 dalle 14 alle 16."*

I.B.: *"Dimentichi la versione di tre ore! La trovo terrificante! Ma era l'unico modo di fare* Fanny e Alexander... *L'unico...* Il vero Fanny e Alexander *dura oltre cinque ore, cinque ore e mezza. Non è fatto per essere visto un'ora la settimana, poi un'altra ora e così via. Il film dev'essere visto in una sola volta con una interruzione per la colazione o la cena. E ovviamente senza titoli di testa della serie televisiva."*

O.A.-S.B.: *"E' già stato fatto vedere in questa versione?"*

I.B.: *"Si, Al Festival di Venezia. Inoltre credo che adesso si cominci a proiettarlo così.(...) E' la sola versione accettabile. Ovviamente avrei ancora potuto tagliare una ventina di minuti perché ci sono cose che trovo un po' lunghe... ma la sola possibilità di trovare il finanziamento per il film era lavorare per l'industria cinematografica e mettere a punto una coproduzione tra la televisione e il cinema..."*

In pratica successe questo. Ingmar Bergman si rendeva conto perfettamente che sarebbe stato impossibile e molto dispendioso costruire un solo film per la TV della durata di cinque ore e mezzo. Allora mise in piedi allora una coproduzione elefantiaca composta da: Svenska Filminstitutet, Cinematograph Ab (televisione svedese), Gaumont International (Francia), Svt Drama, Persona Film (di proprietà di Ingmar Bergman, Tobis Film Kunst (Germania) che potesse garantire la produzione e la distribuzione di due versioni diverse dello stesso film.

Il film è diviso idealmente in 5 capitoli:

1) il Natale;

2) il fantasma;

3) il commiato;

4) i fatti dell'estate;

5) demoni.

6) più un breve prologo e un lungo epilogo.

Fanny e Alexander è un film sontuoso: nell'allestimento; nella durata; nella quantità di personaggi, nella qualità degli attori; nella fotografia; nella complessità della trama; nella varietà dei temi trattati; nei costumi; nella scenografia; nell'ambientazione; nella sceneggiatura. Ed è animato da una sessantina di personaggi, divisi in quattro gruppi, che passano attraverso la frequentazione e l'abitazione di tre case diverse. Mette a fuoco tre temi centrali: l'arte (il teatro); la religione; la magia. Si diceva che esso rappresenta il congedo artistico dell'Ingmar

Bergman uomo di cinema, ed è anche una accorata dichiarazione d'amore per la vita. E, come la vita, offre allo spettatore molte facce: commedia, dramma, *pochade,* tragedia. Il film può essere letto secondo varie chiavi di lettura anche perché, per la definizione dello stesso autore: *"è ...un arazzo, un'immensa tappezzeria dove ognuno può scegliere cosa vuol vedere.*[22]*"*

Alterna sapientemente: riti familiari (lo splendido capitolo iniziale); strazianti liti coniugali che sembrano estratte dalle *pieces* di August Strindberg ma anche dalla biografia del regista; cupi conflitti di tetraggine protestante luterana che rimandano all'arte espressionistica e visionaria di C.T. Dreyer[23]; colpi di scena da *feilleton,* quadretti idilliaci, intermezzi di allegra

---

22 Ingmar Bergman, *Lanterna magica.*
23 Regista e sceneggiatore danese nato nel 1889 e morto nel 1968.

sensualità, impennate fantastiche, magie, trucchi, morti che risorgono. Insomma, un film *"dove tutto può accadere"[24]* e dove, in effetti, tutto accade. Compendio di quarant'anni di cinema all'insegna di un altissima arte narrativa. Il finale, struggente e significativo, è tutto incentrato sulle parole della nonna Helena che comincia a leggere una storia per Alexander, che ha appoggiato la testa sul suo grembo. *"Tutto può accadere, tutto è possibile e verosimile. Il tempo e lo spazio non esistono, l'immaginazione fila e tesse nuovi disegni.[25]"*

---

24 Ingmar Bergman, *Immagini.*
25 Si tratta di brani de *Il sogno*, la *piece* di Stridberg.

CONNOTAZIONI
AUTOBIOGRAFICHE

Il film è fortemente, ma anche volutamente, autobiografico. Dalla prima immagine di Alexander ripreso frontalmente che gioca dietro al teatrino delle marionette; il racconto dello zio Isak; il dialogo con Ismaele; la scena della punizione inflittagli dal vescovo Vergerus; fino all'ultima della nonna che legge ad Alexander un brano de *Il sogno* di Strindberg è una lunga serie di situazioni autobiografiche. Ingmar Bergman ricostruisce, con la consueta precisione e il solito amore, le grandi stanze della sua casa di Uppsala e le riempie con tutto il loro contenuto originario. Alexander che si nasconde sotto un tavolo nel salone e osserva rapito l'animazione della grande statua bianca e dei componenti dell'orologio da tavolo che si muovono, come in un sogno all'ombra del gigantesco lampadario di cristallo. Finanche i posti nei quali il regista da bambino si nascondeva dopo i frequenti, quasi quotidiani, litigi col padre, e anche quelli dove il padre lo rinchiudeva per punizione[26] - automatica conseguenza di ogni sua trasgressione - sono ricreati con memoria certosina. Alexander Ekdhal è, dunque, Ingmar Bergman stesso, da bambino. E Ingmar Bergman attinge a piene mani dai ricordi della sua infanzia, alla quale appare saldamente ancorato. Del resto, sostiene lui stesso: ..."*Sono profondamente fissato alla mia infanzia. Alcune impressioni sono estremamente vivaci: la luce, l'odore, tutto. Ci sono momenti in cui posso vagare attraverso i paesaggi della mia infanzia, attraverso le camere, abitate*

---

26 Ingmar Bergman li descrive nelle pagine 12-14 della sua autobiografia *Lanterna magica*.

molto tempo fa. Ricordo come sono stati arredati; le immagini appese alle pareti; il modo in cui la luce cadeva. È tutto come in un film. Da pochi frammenti di un film, che ho impostato, ed è in esecuzione, posso ricostruire tutto nei minimi dettagli. L'unica cosa che non posso ricrearne è l'odore.[27] "

La nonna Helena parla con Oscar Ekdahl, il padre di Fanny e Alexander e marito di Emilie: *"Lo vedi caro Oskar come vanno le cose? Ci si sente bambini e vecchi nello stesso tempo e tutto il periodo di mezzo non si riesce a capire dove sia andato a finire, quello che noi consideriamo tanto importante. (Sospira) Posso prenderti la mano?"*

E ancora Ingmar Bergman: ... *"In realtà io vivo continuamente nella mia*

---

27 Ingmar Bergman, *Immagini.*

infanzia: giro negli appartamenti in penombra, passeggio per le vie silenziose di Uppsala, *e mi fermo davanti alla* Sommarhuset *ad ascoltare l'enorme betulla a due tronchi, mi sposto con la velocità di secondi, e abito sempre nel mio sogno: di tanto in tanto, faccio una piccola visita alla realtà.[28]* "

Degli altri personaggi centrali nel *plot* del film: Helena, è la nonna tanto amata dal regista, ma che rappresenta anche la mamma ideale, che Ingmar avrebbe tanto voluto avere.

Oscar Ekdahl è il direttore del teatro e come tale da 22 anni tiene il discorso ufficiale. Inizia schermendosi: *"... E' una cosa per la quale non ho il minimo talento, me ne rendo conto quanto voi, specialmente se penso a mio padre che invece era un oratore*

---

28 Ingmar Bergman, *Lanterna magica.*

*veramente brillante. Si, insomma,
l'unico talento che io ho, ammesso che
io ne abbia uno ...di talento, ebbene è
quello di amare quel piccolo mondo
racchiuso tra le spesse mura di questo
edificio. E, soprattutto, mi piacciono le
persone che lavorano in questo mondo
piccolo. Fuori di qui c'è il mondo
grande e qualche volta capita che il
mondo piccolo riesca a rispecchiare il
mondo grande tanto da farcelo capire
un po' meglio. In ogni modo riusciamo
a dare a tutti coloro che vengono qui
la possibilità se non altro, per qualche
minuto, per qualche secondo
(pausa) ... per qualche... qualche
secondo, di dimenticare il duro mondo
che è là fuori. Il nostro teatro è un
piccolo... è un piccolo spazio spazio,
fatto di disciplina coscienza ordine e
amore...Non capisco perché mi senta
così, così comicamente solenne
proprio stasera."*

Il pastore Vergérus, (solo l'ultimo di una lunga *stirpe* di signori Vergérus dopo quelli de: *Il volto*; *L'uovo di serpente*; *L'adultera*, tutti personaggi controversi se non addirittura negativi) rigido e punitivo, con la sua cattiveria, rappresenta il vero padre di Ingmar Bergman, quel padre-padrone che tanto lo ha oppresso e dal cui fantasma non è mai riuscito a liberarsi definitivamente. Alla fine del film, dopo la morte seguita all'incendio accidentale della canonica, il fantasma di Vergérus rivolto proprio ad Alexander, ancora una volta ma, stavolta, per l'ultima volta lo minaccerà, dicendogli: *"Non ti libererai di me."* Proprio come non lo abbandonerà mai, nella vita reale, il ricordo del padre severo e arcigno, quando Ingmar era appena bambino; burbero e in lite continua con la moglie, quando era giovanetto; senescente e smemorato, quando il regista viveva la sua età adulta ed era ormai diventato famoso.

Isak Jacobi, l'amante ebreo della nonna, rappresenta, invece, il padre che Bergman avrebbe voluto avere, con la sua grande carica di umanità e la sconfinata passione per il teatro e per i giochi. Cultore di scienze occulte a tempo perso e con l'hobby della magia a fin di bene. Solo in qualche breve periodo della sua vita Ingmar Bergman aveva potuto assaporare la vera essenza e la piena soddisfazione di un vero rapporto tra padre e figlio come lo aveva immaginato in questo film. Nella sua autobiografia Ingmar Bergman racconta, così, in modo accorato, uno dei rari momenti felici vissuti in compagnia del padre. Il piccolo ha accompagnato, in bicicletta, il padre, in una delle sue escursioni nelle chiese di campagna dove era chiamato per officiare i riti e incontrare i fedeli. *"Quando uscimmo dal bosco di betulle e ci inoltrammo tra i vasti campi della pianura, vedemmo lampi sul colle. Grosse gocce caddero sulla strada polverosa creando rivoli e disegni. Io dissi: così dovremmo andarcene in giro per il mondo voi ed io, papà.[29]"* Ma le cose, purtroppo non andavano sempre così. Anzi, da come la descrive, sempre nella sua autobiografia[30], la sua fanciullezza dev'essere stata un vero inferno: casa sua era come la canonica del vescovo Vergerus oppure doveva davvero somigliargli molto. *"La nostra educazione si basava per la maggior parte sui concetti di peccato, confessione, punizione, perdono e grazia, fattori concreti nelle relazioni dei bambini coi genitori e con dio.[31]"*

---

29 Ingmar Bergman, *Lanterna magica* (pag.249).
30 Ibidem.
31 Ibidem.

Poi Ingmar Bergman prosegue spiegando, in modo quasi tragi-comico, come funzionava il procedimento penale in casa Bergman: *"...Le punizioni erano dunque qualcosa di ovvio, mai messo in discussione. Potevano essere rapide e semplici come schiaffi o sculaccioni ma anche estremamente sofisticate, affinate nel corso di generazioni. Se Ernst Ingmar si faceva la pipì addosso, il che accadeva troppo spesso e troppo facilmente, per il resto della giornata doveva portare una gonnella rossa corta al ginocchio. Il che era ritenuto innocuo e ridicolo. Delitti più gravi venivano puniti in modo esemplare: tutto iniziava con la scoperta del delitto. Il criminale confessava davanti al giudice di primo grado, vale a dire alle domestiche o alla mamma o a una delle innumerevoli parenti che in occasioni diverse abitarono nella canonica. Come conseguenza immediata della confessione attorno a lui si creava il gelo. Nessuno parlava né corrispondeva. Questo, credo di capire, per indurre il criminale a desiderare la punizione e il perdono. Dopo la cena e il caffè, le parti venivano convocate nella camera del papà. Lì avevano luogo nuovi interrogatori e nuove confessioni. Poi uno doveva dire quanti colpi di battipanni riteneva di meritare. Quando la punizione era stata decisa si prendeva un cuscino verde dall'imbottitura dura, venivano calati pantaloni e mutande e il criminale doveva sdraiarsi a pancia in giù sul cuscino, qualcuno lo teneva saldamente per il collo e i colpi venivano inferti."*

Nel film *Fanny e Alexander*, Ingmar Bergman riproduce esattamente questa scena, che ha per protagonisti Alexander e il patrigno, il vescovo Vergerus e come comparse la madre che lavora tranquillamente a maglia, la ineffabile cameriera e la sorella Fanny che invece assite inorridita e assai apprensiva.

Del repertorio di tremende punizioni che Vergerus prospetta ad Alexander manca solo lo stanzino buio dove i mostriciattoli rosicchiavano le dita dei piedi dei malcapitati bambini.

"C'era poi una sorta di punizione estemporanea che poteva essere molto sgradevole per un bambino tormentato dalla paura del buio, cioé l'impriggionamento, più o meno lungo, in un particolare guardaroba. Alma, in cucina, aveva raccontato che proprio in quel guardaroba abitava un piccolo essere che mangiava le dita dei piedi ai bambini cattivi. (...) questa forma di castigo smise però di terrorizzarmi

quando escogitai di nascondere in un angolo una lampada tascabile dalla luce rossa e verde. Se venivo rinchiuso tiravo fuori la lampada, dirigevo il fascio di luce contro la parete e m'immaginavo di essere al cinema.[32] "

Quando un quasi incredulo Alexander chiede al vescovo: *"Perché devo essere punito?* Pare che davvero che non si renda conto di aver commesso un qualsiasi reato.

Il vescovo Vergerus risponde, ragionando: *"Ma la ragione è ben evidente, ragazzo mio. Tu sei debole di carattere e non sai distinguere la menzogna dalla verità. Sei ancora un bambino, le tue bugie, pur terrificanti e assurde sono quelle di un bambino, ma presto sarai un adulto, un uomo, Alexander, e la vita punisce i bugiardi senza amore né scrupolo. E punendoti*

---

32 Ingmar Bergman, *Lanterna magica.*

ti insegnerà ad amare e a rispettare la verità."

Se non è autobiografismo questo!

In questo film, e a proposito di autobiografismo, Ingmar Bergman parafrasa Strindberg quando diceva che: "*...forse gli avvenimenti terribili che ho vissuto sono stati messi in scena per me, per permettermi di diventare drammaturgo.*[33]"

Anche lui, quando si irritava contro qualcuno, aveva cominciato a dire, come faceva il suo maestro Strindberg: "*Attento marrano o ci rivedremo nel mio prossimo dramma.*"

---

33 August Strindberg, *Diario occulto.*

ALTRI TEMI TRATTATI

Il film riprende molti dei temi cari alla filmografia di Ingmar Bergman. A parte il tema dell'autobiografismo[34] e del rapporto tra sogno e realtà (di cui abbiamo già trattato) che, forse restano i due centrali e i più rilevanti dell'intero film, sono presenti:

- il tema pirandelliano del rapporto tra realtà e finzione;

- il tema strindberghiano del rapporto tra vita e scena;

- il tema della maschera;

- il tema della vita e della morte;

- il tema della trascendenza;

- il tema dei rapporti familiari forzati;

- il tema dei rapporti fra i sessi;

---

34 August Strindberg, che Ingmar Bergman considerava suo maestro sosteneva ...*l'autobiografismo come unica forma di letteratura.*

- il tema della sessualità.

- il tema dei fantasmi.

"Perché la gente dice che i fantasmi non esistono, quando poi godono a raccontare cose ripugnanti a una persona che ha stanze troppo piccole dietro le sue palpebre.[35] "

A proposito degli attori-interpreti del suo film, tutti assolutamente superbi e *habitué* delle sue scene, Ingmar Bergman scrisse nella sua biografia: *"C'è una soddisfazione quasi sensuale nel lavorare a contatto con persone forti, autonome e creative... Mi capita di provare una forte nostalgia di tutto e di tutti. Capisco quel che intende dire Fellini[36] quando afferma che il*

---

35 Ingmar Bergman, *Nati di domenica.*

36 Fellini raccontò un giorno a Bergman l'episodio di Anita Ekberg che, alla fine delle riprese di *La dolce vita*, si mise a piangere e non volle scendere dalla macchina nella quale aveva girato l'ultima scena.

Cinema è per lui un modo di vivere... A volte è una particolare fortuna essere regista cinematografico."

Grande importanza Ingmar Bergman attribuisce alla fotografia che anche qui, come in molti altri capolavori precedenti, è firmata dal grande, inarrivabile, pluri-premiato Sven Nyquist. Il risultato, inutile dirlo, è eccezionale, come in tutti gli altri film del Maestro, del resto. Ingmar Bergman e Sven Nyqvist usano il colore con assoluta maestria, alternando il rosso, per le scene che riguardano la famiglia, al grigio (bianco e nero) per dipingere la freddezza e la rigidità della casa del Vescovo Vergerus.

Come pure risulta importante l'uso dei suoni e, soprattutto, della musica.

La colonna sonora riporta in modo funzionale brani del *Notturno op. 27 n.*

1 di Chopin, le *Suites per violoncello, op. 72, 80 e 87*, di Britten e del *Quintetto per Pianoforte* di Schumann.

PREMI

Il film vinse 4 premi Oscar, su 6 *nomination* ricevute. Miglior film straniero, migliore fotografia, migliore scenografia e migliori costumi): un primato per un film di lingua non inglese.

Ma, le candidature per il premio al Miglior Regista e alla Migliore Sceneggiatura Originale, entrambe riferite, naturalmente, a Bergman, non furono coronate da successo. Negando, così, al regista l'ultima possibilità di ricevere, e - riteniamo - assai meritatamente, una statuetta personale per una sua opera.

CONCLUSIONE

Il film girato nel 1982, fu concepito da Ingmar Bergman nell'autunno del 1978

"...*Mentre mi trovavo in uno stato cupo e miserevole.*[37]"

Ma fu scritto nella primavera del 1979 "...*Quando la tensione si era già allentata.*[38]"

Il 12 aprile annotai[39]*: "Oggi ho scritto le prime sei pagine di Fanny e Alexander. E' stato davvero divertente. Adesso devo scrivere del teatro, dell'appartamento e della Nonna.*[40]"

"*La sceneggiatura fu finita l'8 luglio, in soli tre mesi*[41]."

---

37 Ingmar Bergman, *Immagini.*
38 Ibidem.
39 Bergman teneva degli appunti sulla stesura e la lavorazione di tutte le sue opere dai quali trasse nel 1990 il libro- diario *Immagini.*
40 Ibidem.
41 Ibidem.

Sulla solida base dell'insegnamento di due grandissimi, della letteratura e del teatro, che Bergman non ha mai fatto mistero di considerare, oltre che maestri e modelli, veri e propri ispiratori della sua poetica (Marcel Proust, secondo cui: *"la realtà non si forma che nella memoria"* e August Strindberg per il quale: *"l'autobiografismo va considerato l'unica forma valida di letteratura"*) non poteva che costruirsi il solido principio ispiratore di tutto il film: l'infanzia, ...*"un mondo perduto di luci, profumi, suoni"*, va ricordata e rivissuta, per poter essere conservata per sempre.

Con buona pace degli Immemori. Tutti quelli che dimenticano, troppo facilmente, di essere stati bambini.

Vale la pena di ricordare che l'intera filmografia del Maestro trae la sua ispirazione dall'inesauribile filone individuato nella sua fanciullezza, felice o triste che fosse stata. Dal vissuto di quello stadio iniziale dell'esistenza dell'uomo, ingenuo ma nevralgico; (forse) formalmente semplice, ma sostanzialmente complesso; Bergman ha saputo ricavare film che sono divenuti capolavori immortali.

"L'infanzia è sempre stata la mia principale fornitrice, senza che in precedenza io mi sia preoccupato di sapere da dove arrivassero le consegne. [42] *"*

Ingmar Bergman, dunque, si congeda dalla settima arte con questo capolavoro, cosciente (forse) di non potersi più superare. *"Me ne ero uscito con una bacchetta da rabdomante ed ero arrivato a una vena d'acqua. Quando trivellai, l'acqua cominciò a*

---

42 Ingmar Bergman, *Immagini.*

spruzzare come da un geiger.[43]"

Probabilmente Ingmar Bergman, nel 1983, alla età di 65, avanzata ma non ancora veneranda, era cosciente che, dopo la creazione di un opera mastodontica come Fanny e Alexander, più che la sua forza fisica stesse perdendo la sua forza espressiva. Ad ogni modo voleva ritirarsi dalla regia cinematografica per concentrarsi sulla regia teatrale e sulla scrittura. Sappiamo tutti come andò. Non riuscì a mantenere la promessa e a stare lontano dal cinema. Dimostrò a tutti, a se stesso e agli attori, che la sua era una bugia. Nel 2003, vent'anni dopo, smentendo prima di tutto se stesso, Ingmar Bergman è ancora in grado di produrre capolavori, girando *Sarabanda.*

Aveva 85 anni.

---

43 Ingmar Bergman, *Immagini.*

Personaggi e interpreti

Pernilla Allwin: Fanny Ekdahl
Bertil Guve: Alexander Ekdahl
Ewa Froeling: Emilie Ekdahl
Gun Wallgren: Helena Ekdahl
Jarl Kulle: Gustav Adolf Ekdahl
Allan Edwall: Oscar Ekdahl
Borje Ahlstedt: Carl Ekdahl
Pernilla August: Maj
Jan Malmsjo: vescovo Vergerus
Erland Josephson: Isak Jacobi
Gunnar Björnstrand: Filip Landahl
Kristina Adolphson: Siri
Inga Alenius: Lisen
Kristian Almgren: Putte
Harriet Andersson: Justina
Anna Bergman: Hanna Schwartz
Mats Bergman: Aron
Stina Ekblad: Ismael
Siv Ericks: Alida
Majlis Granlund: Vega
Marie Granlund: Petra
Sonya Hedenbratt: Emma
Svea Holst: Ester
Kabi Laretei: Anna
Mona Malm: Alma Ekdahl
Lena Olin: Rosa
Gosta Prezuelius: Elsa Bergius
Christina Schollin: Lydia Ekdahl
Kerstin Tidelius: Henrietta Vergerus
Eva Von Hanno: Berta
Pernilla Wahlgren: figlia del vescovo
Angelica Wallgren: Eva
Emelie Werko: Jenny

NOTIZIE SUL FILM

Titolo originale	*Fanny och Alexander*
Paese di produzione	Svezia, Francia, Germania Ovest
Anno	1982
Durata	197 min (cinema), 188 min (DVD), 312 min (TV)
Colore	colore
Audio	sonoro
Rapporto	1,66:1
Genere	drammatico, fantastico
Regia	Ingmar Bergman
Soggetto	Ingmar Bergman
Sceneggiatura	Ingmar Bergman
Produttore	Coproduzione: Svenska Filminstitutet, Cinematograph Ab (televisione svedese), Gaumont International (Francia), Svt Drama, Persona Film, Tobis Film Kunst (Germania)
Fotografia	Sven Nykvist
Montaggio	Sylvia Ingemarsson
Musiche	Daniel Bell, Benjamin Britten, Frans Helmerson, Marianne Jacobs
Costumi	Marik Vos

BIBLIOGRAFIA

Ingmar Bergman, *Lanterna magica.*

Ingmar Bergman, *Immagini.*

Antonio Costa, *Ingmar Bergman*

O. Assayas-S. Bjorkman, *Conversazione con Ingmar Bergman.*

Salvatore M. Ruggiero, *Il Genio di Uppsala, Il grande cinema di Ingmar Ernst Bergman spiegato a chi lo ignora.*

Claudio Papini, *Bentornato, Ingmar Ernst.*

Arturo Corsani, *Il libro che affiora.*

Jacques Mandelbaum, *Ingmar Bergman.*

Sergio Trasatti, Ingmar Bergman.

INDICE

www.ingramcontent.com/pod-product-compliance
Lightning Source LLC
Chambersburg PA
CBHW071259280526
45788CB00004B/1771